AF227307

DES CONDITIONS

DE

MAINTIEN DES FAMILLES

DANS LES RANGS ÉLEVÉS DE LA SOCIÉTÉ

SOUS LE RÉGIME DÉMOCRATIQUE ACTUEL

DISCOURS

prononcé le 20 juillet 1881

à l'ouverture de la distribution des prix de l'Institution Mauras

PAR

M. le Dr MICÉ

président de la séance

BORDEAUX

IMPRIMERIE G. GOUNOUILHOU

11, RUE GUIRAUDE, 11

1881

DES CONDITIONS

DE

MAINTIEN DES FAMILLES

DANS LES RANGS ÉLEVÉS DE LA SOCIÉTÉ

SOUS LE RÉGIME DÉMOCRATIQUE ACTUEL

DISCOURS

prononcé le 20 juillet 1881

à l'ouverture de la distribution des prix de l'Institution Mauras

PAR

M. le Dr MICÉ

président de la séance

BORDEAUX

IMPRIMERIE G. GOUNOUILHOU

11, RUE GUIRAUDE, 11

1881

CONDITIONS DE MAINTIEN DES FAMILLES

dans les rangs élevés de la société

SOUS LE RÉGIME DÉMOCRATIQUE ACTUEL

Mesdames, Messieurs,

Mon honorable ami M. Mauras m'a déjà plusieurs fois offert la présidence de solennités pareilles à celle qui nous rassemble. Mais, hélas ! j'étais tellement absorbé par des travaux divers, et surtout si peu sûr de me trouver à Bordeaux à l'instant indiqué, que j'ai dû décliner cet honneur, me bornant au rôle d'assesseur quand mes prévisions me trompaient, quand les circonstances me permettaient d'être ici au moment voulu.

M. Mauras tenait à affirmer, en me remettant pour quelques instants à la tête du corps de professeurs de cette maison, la solidarité qui nous unit. Et comment n'aurais-je pas tenu à accéder à son désir alors que ses vues sont généralement les miennes, et après les loyaux services qu'il m'a rendus, dans le temps, lors de ses débuts dans la carrière du professorat !

Mon bonheur serait parfait en ce moment si la place que j'occupe ne m'imposait l'obligation de parler. Mais je vais trancher dans le vif, m'affranchir du discours, me borner à l'allocution, et, pour cela, je vous demanderai la permission, Mesdames, Messieurs, de m'adresser directement aux élèves. — Après tout, leur parler devant vous, devant vous qui êtes leurs pères, leurs mères, leurs frères, leurs sœurs, n'est-ce pas le meilleur moyen de vous parler à vous-mêmes?

De quoi vous entretiendrai-je, mes amis? Quel est le sujet quelque peu neuf qu'on pourrait aborder quand on s'adresse à des jeunes gens?

J'en vois un, dont on vous a toujours systématiquement sevré : je m'en empare.

Je vous entretiendrai..... de politique.

Que chacun se rassure ici! et que cet *affreux* mot n'effraie personne! Je n'ai pas l'intention de vous dire quel est le meilleur des gouvernements; je ne ferai pas une profession de foi. Un cours de politique, un plaidoyer en faveur de telle ou telle cause ne manqueraient pas de nous diviser; je ne veux pas être un trouble-fête, je ne me pardonnerais pas d'avoir en un tel jour assombri un visage.

Mais enfin! nous ne pouvons pas empêcher les choses d'être; nous vivons, à tort ou à raison, sous un régime de suffrage universel : je me propose de rechercher avec vous, jeunes gens, quelles sont les conditions nouvelles imposées par ce régime aux classes moyennes et supérieures de la société. C'est à ces classes que vous appartenez, car on n'aborde pas la pension Mauras quand on est encore dans le dénûment; on n'y vient qu'après avoir fait des économies, qu'après avoir grandi, ou qu'alors qu'on fait partie, dès longtemps déjà, des catégories fortunées de la société.

Comparons, si vous le voulez bien, le sort des couches sociales de haut parage avant 89, avec ce qu'il fut après 1830 et avec ce qu'il est aujourd'hui.

Il y a cent ans, si vous eussiez appartenu aux classes élevées, votre avenir ne m'eût pas préoccupé, car tout était disposé au mieux pour le maintien de la fortune et de l'influence de ces classes. C'est sur elles que s'appuyait la Royauté; aussi, quand elle légiférait, avait-elle soin de n'édicter que des ordonnances incapables de leur nuire.

Après 1830, nous sommes en présence d'un sérieux essai de régime constitutionnel; le roi règne, mais ne gouverne pas; le droit de faire les lois appartient à la Chambre des pairs et à la Chambre des députés; cette dernière est nommée par les citoyens. Mais quels sont ces citoyens? Ceux qui paient 200 fr. d'impôt direct, et 200 fr. en 1830 représentent 500 fr. de l'époque actuelle. Ce sont donc encore des privilégiés qui, par leurs mandataires, décident des impôts et de toutes les lois; ce sont les gens riches, tout au moins les gens aisés; c'est cette bourgeoisie, issue de la Révolution, enrichie par le travail, mais un peu oublieuse, après le succès, des facilités qu'elle a trouvées au début. Sous ce régime fleurira un enseignement libéral, mais un enseignement institué surtout en faveur des classes moyennes et élevées. Nous verrons sous ce régime les blés étrangers retenus à la frontière et forcés d'acquitter un droit d'entrée élevé, ce qui les empêchera de faire concurrence au froment des propriétaires (seul destiné à la vente, puisque celui des métayers est réservé à leur alimentation); nous verrons de même un système protecteur assurer la fortune des grands industriels français. Un juge de paix de Mugron, Frédéric Bastiat, déjà connu par de nombreux écrits dirigés contre l'abus des douanes, aura beau s'écrier en présence de ces privilèges accordés aux producteurs : « Mais le consommateur, c'est pourtant tout le monde! » on n'écoutera pas cet homme de bon sens, car le temps n'est pas encore venu de songer à *tout le monde.*

C'est avec le suffrage universel que, même sous l'Empire, la cause de *tout le monde* fut gagnée et qu'on vit commencer une ère de liberté commerciale. Dès cet instant plus de quiétude pour l'agriculteur, pour l'industriel : les voilà obligés de perfectionner leurs procédés, souvent même d'abandonner une industrie qui n'est plus viable dans les conditions où ils sont placés. Ah! ils ne sont plus sur un lit de roses. Je les vois l'œil au guet, l'oreille attentive, le journal qui traite de leur art à la main, se demander sans cesse s'ils sont au courant de la marche générale des choses, s'ils pourront transmettre une industrie prospère à leurs fils et si celle-ci ne périclitera pas dans des mains nouvelles.

Et ce n'est pas seulement avec ses émules du dehors et du dedans que le fabricant aura désormais à compter : le nouveau régime a développé le principe d'association, assuré la liberté des réunions, et des sociétés d'ouvriers débattent aujourd'hui avec les patrons la question des salaires, accroissant ainsi les frais au moment même où diminuent les produits.

Que d'exemples je pourrais vous citer, d'industriels jadis heureux qui ont déjà sombré depuis ces conditions nouvelles, faute d'avoir la souplesse voulue pour se plier aux circonstances, mais aussi et surtout faute d'activité, et par suite de l'impossibilité où les mettait leur ignorance de modifier leurs procédés ou de remplacer leur industrie par celle que leur outillage et leurs autres cenditions d'installation les mettaient le plus à même d'exercer !

A côté de ces chutes, il est des succès qui plaident éloquemment la cause de la science et du travail. Si je ne craignais d'allonger indéfiniment cette allocution et d'être amené à employer trop de termes techniques, je vous raconterais par le menu la partie militante de la vie de M. Fournet, de l'homme qui a doté Bordeaux de ce qu'on a appelé avec raison *la grande industrie chimique.*

C'est sur le prolongement de la rue Judaïque, à gauche, dans une propriété (alors de banlieue) qui s'appelait Artigues-Vieille, que s'était établi M. Fournet. Sachant par où il fallait commencer, il édifia ces vastes chambres tout en plomb dont on a parlé à quelques-uns d'entre vous et y prépara cet agent de premier ordre, ce père de la plupart des autres corps, qui s'appelle l'*acide sulfurique.* Mais aussitôt les fabricants de Rouen et de Lyon, qui avaient eu jusqu'alors le monopole du marché de Bordeaux, réagirent énergiquement contre le nouvel industriel et vinrent offrir ici l'acide sulfurique à un prix inférieur au prix de revient de ce composé dans l'usine bordelaise. Je renonce à vous décrire (ce serait trop long) la lutte gigantesque que soutint alors contre tous M. Fournet, démontrant par ses communications aux sociétés savantes la supériorité hygiénique de son produit, — employant celui-ci à la confection de dérivés de toute espèce, pour chacun desquels il se mettait en quête d'une autre matière première, — renonçant à une fabrication, pour en créer une autre, au fur et à mesure que les besoins généraux se modifiaient, — courant dans le Lot, avec sa trousse de minéralogiste, dès la découverte de gisements de phosphate de chaux dans le Tarn-et-Garonne, et, guidé par la géologie, découvrant là, avant que les propriétaires s'en fussent doutés, des gisements nouveaux, — achetant alors ces gisements et y ouvrant des carrières, — parvenant à démontrer dans nos colonies l'importance des phosphates de chaux traités par l'acide sulfurique pour la culture de la canne à sucre, — achetant alors un navire pour l'expédition de ses phosphates et pour l'apport à son usine de matières premières lointaines, — créant enfin dans toute son ampleur la fabrication à Bordeaux des engrais minéraux, — et finissant par vendre cette grande installation à la Société anonyme des produits chimiques agricoles.

M. Fournet goûte aujourd'hui les douceurs d'un repos bien mérité. Il a réussi; mais il ne s'est lancé qu'après l'âge de trente ans, ayant pris l'habitude d'un travail constant, et ayant surtout meublé son esprit de connaissances aussi solides que variées. C'est au collège qu'il a fait les fondations de sa fortune; c'est en fouillant le domaine fécond de la science, en en explorant les grandes lignes, qu'il est devenu apte à découvrir plus tard des trésors dans les recoins de ce domaine.

Pour rentrer dans le vif de la question que je me suis proposé d'effleurer, jeunes gens, je passerai à une autre considération.

Je n'hésite pas à dire qu'il est aujourd'hui plus difficile de conserver une fortune que de l'acquérir. Je ne parle pas ici, bien entendu, de l'auteur de cette fortune, qui n'est arrivé que par le travail, l'économie et une grande expérience des hommes et des choses, et à qui ces qualités permettront de passer tranquillement l'âge du repos. Je parle de l'héritier de cet auteur, et je le suppose sage, sans quoi ma thèse serait trop facile à démontrer. S'il joint à cette qualité l'activité et la science que possédait son père, ou même un peu moins (car enfin il y a déjà de l'acquis), il est évidemment sauvé. Mais je suppose, ce qui n'est malheureusement que trop commun, qu'habitué à voir ses besoins satisfaits sans qu'un travail spécial ait précédé leur satisfaction, il se soit endormi dans cette douce idée que son père lui a fait un sort et que ce sort est assuré. Oh! alors il est bien à plaindre et son avenir m'apparaît bien sombre : dès que le trésor ne sera plus confié à la garde d'un homme dont chacun connaît la vigilance et l'habileté, je vois fondre sur lui la nuée des vautours, et je vois le nouveau préposé, ahuri, s'agiter vainement en tous sens, recouvrant de son corps un des points menacés, pendant qu'à l'opposé se produit le larcin. Cet homme a cru pouvoir soutenir la lutte pour l'existence sans s'être, au préalable, armé et aguerri : le moment de combattre est venu, et il n'est pas de taille.

J'aborde deux autres détails de notre situation actuelle. Je vous ferai remarquer, jeunes gens, 1° que tout est fait en vue de l'ascension des masses, 2° que sous peu tomberont les derniers murs de soutènement des positions conquises.

Premier Point : L'État confère à tous le premier des éléments de succès : l'instruction, et, s'il y a lieu, l'instruction à tous les degrés. L'enseignement primaire est obligatoire pour tout citoyen; des bourses d'enseignement secondaire permettent à ceux qui ont brillé dans les examens pour le certificat d'études, d'arriver aux baccalauréats et aux écoles du gouvernement; de nouvelles allocations, dites *bourses d'enseignement supérieur* et qui sont de 1200 fr. par an, interviennent alors, si le mérite des protégés de l'État continue à être signalé, pour permettre à ceux-ci de vivre dans les grandes villes où siègent les Facultés et les grandes écoles. Voilà donc des ingénieurs, des médecins, des avocats, des professeurs, des diplomates, faits avec des enfants du peuple, avec des natures d'élite qui jadis ne seraient pas venues enlever à nos fils de famille des emplois, des clients qui semblaient leur être réservés.

Deuxième Point : Il reste du passé, dans notre législation, quelques dispositions protectrices de la fortune acquise, mais qui ne vont pas tarder à disparaître, comme on peut s'en convaincre par la lecture des journaux. De ce nombre est la méconnaissance des jeux, qui permet à un boursicotier ayant réussi à inspirer quelque crédit à un agent de change de faire fortune en un clin d'œil, sauf à se laisser *exécuter* sans vergogne si la chance ne lui est pas favorable. Ce défaut d'alternative (car le paresseux et le joueur sont insensibles à la honte) est une immoralité : il va cesser d'être. Désormais les écervelés ayant eu le malheur d'hériter trop tôt, seront ruinés de par la Loi s'ils contractent témérairement, si on n'a pu réussir à les convaincre que trois choses seulement conduisent à la fortune et à l'honneur : la science, le travail, l'économie.

Ainsi la société offre à tous des échelons à gravir, mais ne s'inquiète pas des dégringolades. Que lui importe, après tout, si celles-ci sont inévitables, qu'elles aient lieu dans telle ou telle famille? Ce qu'il lui faut à elle, c'est une incitation générale au travail et à la science, qui assure ses progrès dans le temps et l'expansion de ses progrès dans l'espace.

Ah! certes, ces conditions nouvelles sont de nature à préoccuper le père de famille qui est arrivé à la force du poignet et qui tient à sa race. Mais aussi, qu'il songe un peu moins à acquérir et un peu plus à préparer ses enfants! Qu'il ne s'efforce pas sans cesse de leur éviter les conséquences d'une faute, de leur préparer des succès immérités par l'abominable système des recommandations! Qu'il leur enseigne que ce qui élève l'homme au-dessus de la brute, c'est surtout sa responsabilité! Je voudrais que, le grand jour de la majorité d'un des siens étant venu, le père de famille réunît tous ses parents à sa table, donnant une place d'honneur au récipiendaire, et qu'au moment de l'investiture il lui dît : « J'ai fait pour toi, mon fils, d'énormes » sacrifices; si ta mère t'a porté dans ses flancs, t'a » nourri de son lait et a dirigé tes premiers pas, je me » suis emparé de toi dès les premières lueurs de ta » raison, et depuis lors, par la parole et (ce qui vaut » mieux) par l'exemple, je t'ai appris tes devoirs de toute » espèce; je t'ai confié à des maîtres habiles pour te » donner le premier des moyens de parvenir, la science. » Va maintenant, et que Dieu t'accompagne! Tu seras » appelé dès demain à donner ton avis dans les grandes » consultations du pays qu'effectue de temps en temps » le Pouvoir. Te voilà citoyen quant aux droits, tu l'es » aussi quant aux devoirs. Je te reçus enfant et je t'ai » fait un homme. Ma tâche est terminée. A toi de bien » accomplir la tienne! »

Si vous voulez bien retenir, jeunes gens, ce nom de *classes dirigeantes* qu'on a donné aux couches sociales dont vous faites partie, vous vous pénètrerez de toute la responsabilité inhérente à un tel titre, et vous mériterez dès lors l'honneur qu'il vous fait.

Nous, vos *instituteurs* (selon l'admirable expression destinée à rappeler que vos parents et que la société nous ont chargés de vous faire *hommes)*, nous vous avions suffisamment armés jadis (à ne consulter que vos intérêts matériels) quand nous vous avions appris à tenir votre comptabilité et votre correspondance, et quand nous avions ajouté à cela quelques talents de société (poésie, musique) destinés à vous faire rechercher comme agréables. Bien autrement vaste est notre mission aujourd'hui, car nous ne sommes jamais sûrs de vous avoir donné assez de science pour vous permettre d'affronter tous les combats qui vous attendent.

Ces combats seront d'autant plus terribles que notre mission, quand nous appartenons à l'Université, possède un caractère impersonnel; nous sommes comme l'État, nous nous devons à tous. Et si, au lieu de m'adresser à des fils de famille, je parlais à des élèves d'écoles gratuites, je leur tiendrais le même langage excitant que je vous tiens à vous-mêmes; je leur dirais : « Vous voyez,
» mes enfants, ces jeunes gens de la Pension voisine; ils
» vous semblent plus heureux que vous parce qu'ils sont
» mieux vêtus, parce que la foule leur accorde une
» attention qu'elle vous refuse. Détrompez-vous : tout ce
» qui reluit n'est pas or. Ce qui fait le bonheur matériel,
» c'est la quiétude d'esprit, et à ce titre vous l'emportez,
» car vous êtes plus qu'eux, à notre époque, certains du
» lendemain. Quant à ce plaisir moral qui consiste à être
» quelque chose, qui gît dans la considération, ils sem-
» blent devoir en jouir plus tôt que vous, car ils y sont
» appelés de par la naissance. Mais vous pouvez l'avoir
» par droit de conquête, et cela vaut bien mieux.
» A l'œuvre donc! et songez que, dans ce grand concours
» de toutes les forces vives, la nation n'a de parti pris
» pour personne, qu'elle vous aidera elle-même à conqué-
» rir le premier rang pour peu qu'elle puisse fonder sur
» vous des espérances! »

J'aime la jeunesse, mes amis ; je n'ai jamais pu, sans une émotion toute particulière, serrer la main du navigateur partant pour un long voyage, et vous représentez à mes yeux ce navigateur. Je voudrais vous savoir tous suffisamment armés avant d'entrer dans la carrière : armés de courage, armés de patience, armés de savoir ; les uns pour conquérir, les autres pour conserver et pour accroître. C'est là ce qui excuserait, au besoin, le caractère sérieux de mon allocution et l'incursion, toute de pratique, que j'ai cru devoir faire dans le domaine de la politique.

Je ne vous ai guère parlé que de vos intérêts matériels, car, dans ce titre de *classes dirigeantes* que je vous supplie de méditer toujours, je ne voyais pas pour vous une satisfaction d'amour-propre, mais un moyen de maintenir dans de justes limites les revendications d'en bas, et d'assurer, pour ceux d'entre vous qui le voudront, l'existence de votre niveau social. Permettez-moi d'invoquer maintenant, pour vous décider à vous instruire et à prendre de sérieuses habitudes, des considérations d'ordre plus élevé.

Je ne vous dirai point que le travail c'est la vie, que l'hygiène le prescrit impérieusement, que le moment de la retraite est souvent celui de la mort pour les hommes habitués à l'activité. Tout cela est vrai ; mais tout cela, c'est encore une considération d'ordre matériel.

Je vous dirai que, quand une famille a monté, elle se doit à elle-même de ne pas descendre ; que, quand on hérite d'un nom, on a le devoir d'en perpétuer la notoriété et le respect. L'ancienne aristocratie de France avait pour cela un mot tout à son honneur : « Noblesse oblige. » Imitons-la sur ce point : ce qui fait la noblesse aujourd'hui, c'est ce qui en constituait l'origine autrefois, c'est-à-dire les services rendus. Il y a seulement cette différence, que les services qui confèrent la notoriété de nos jours sont rendus à la nation ou à l'humanité tout entière, tandis que les services des siècles antérieurs n'étaient parfois rendus qu'au roi. Raison de plus pour que les fils des notables d'aujourd'hui soient fiers de leurs ascendants et s'approprient la devise des grandes familles de France.

Je ne terminerai pas, Messieurs et chers Élèves, par une péroraison animée, car je n'ai pas l'intention de vous entraîner, j'ai celle de vous convaincre. Un entraînement est un mouvement irréfléchi qui ne dure pas plus qu'il n'a fallu de temps pour l'établir ; je veux produire, si c'est possible, un mouvement continu, et la conviction seule amènera ce résultat.

Je résumerai donc, avec le calme froid de la raison, la thèse que j'ai soutenue dans cette dissertation déjà longue.

J'ai suffisamment démontré, je le crois,

1° Que le maintien de la suprématie des anciennes familles nobles (familles à fortune territoriale) était absolument assuré, il y a un siècle, par une législation qui ne relevait guère que du roi ;

2° Que le maintien de la suprématie des familles bourgeoises du règne de Louis-Philippe (familles à fortune industrielle ou commerciale) était assuré par un pouvoir législatif qui relevait surtout de ces familles ;

3° Que rien de semblable n'existe aujourd'hui ;

4° Que notre organisation politique et sociale favorise, au contraire, toutes les évolutions ascendantes, en même temps qu'elle annule de plus en plus les dispositions législatives dont le résultat était de protéger les positions acquises.

Il y a donc pour vous, jeunes gens des classes aisées, la même obligation d'instruction et de travail que pour les fils d'ouvriers ou de paysans. Il y va de la conservation de votre nom et de votre influence. Mais il y va aussi de votre dignité et de celle du milieu social dans lequel vous êtes né.

Bordeaux. — Imp. G. GOUNOUILHOU, rue Guiraude, 11.